Mademoisell

CIE

SOPAS Y POTAJES

RECETARIO ECONOMICO Y SENCILLO

MADRID
SATURNINO CALLEJA, EDITOR
Calle de Valencia, 28.
MEXICO HERRERO HERMANOS SUCESORES

Editorial MAXTOR
Fray Luis de León, 20
47002 Valladolid
983 090 110
pedidos@maxtor.es
www.maxtor.es

I.S.B.N. 84-9761-339-2
depósito legal: VA-26-2007

UN POCO DE HISTORIA

La sopa, que inaugura las comidas de la noche, es uno de los platos que pocos cocineros saben variar; nosotros hemos creído ser útiles á nuestros lectores reuniendo en este volumen cien modos diferentes de prepararla, escogiéndolos entre los mejores y más agradables.

En el siglo XIII se llamaban sopas las rebanadas de pan destinadas á ser mojadas en vino ó en salsas diversas. En el siglo siguiente se puso muy en boga una especie de sopa de ajo, que era muy estimada, y que se creía que, comida en el mes de Mayo, contribuía eficazmente á conservar la salud. Esta creencia se conserva aún en el Mediodía, donde se atribuyen al ajo numerosas cualidades que le hacen particularmente recomendable.

Así, en el mes de Mayo se oía gritar á los vendedores por las calles: «¡Pichones de Maraiz (1), que abren el apetito á grandes y pequeños, fritos en manteca fresca!»

La historia nos recuerda este famoso pregón, y en el lenguaje de los dioses continúa así: «Podéis ver por esas calles caballos de largas orejas con cestas llenas de verduras y lechugas, y muchachas que gritan: ¡Bellas acederas! ¡Á mis buenos puerros, que se cuecen en agua

(1) Así llamaban á los ajos.

y hacen un buen potaje con salsa de leche!»

En el siglo XVII se designaba con el nombre de sopa una preparación en la cual entraba un número incalculable de substancias alimenticias; en ella figuraba de todo: legumbres, carnes ó pescados cocidos con una abundante salsa clara, y que se servía en un enorme plato, en el cual los convidados metían por turno la cuchara.

Luis XIV comía cuatro sopas diferentes en cada comida, maravillando á sus cortesanos por su insaciable y poco delicado apetito. La cocina en aquella época se resentía de la falta de gusto, que era general en cuanto á los alimentos: toda la perfumería se empleaba en la cocina.

En aquel reinado se comía á primera hora la llamada sopa «de prima», compuesta generalmente de cebollas y de queso.

En el reinado de Luis XV, que era un delicado *gourmet*, tomó la cocina el carácter suculento que conserva en nuestros días. Apareció entonces la sopa á lo Condé, á la Reina, á la Pompadour, inventadas por la favorita del monarca, que se ocupaba con esmero del arte culinario, á fin de halagar con sus guisos exquisitos á su señor y dueño, gran aficionado á la buena mesa.

En aquella época fué cuando la cocina francesa conquistó el renombre que disfruta en la actualidad, y que todas las naciones le reconocen unánimemente.

INDICACIONES GENERALES

Modo de calar la sopa.

Cortado el pan en rebanadas finas y de forma regular, se coloca en la sopera, y se echa encima el caldo hirviendo, reservando las tres cuartas partes en la cacerola; se tapa la sopera;

se deja empapar el pan tres ó cuatro minutos, y se echa el caldo que se había dejado sobre el fuego.

Empleo de la manteca.

En las sopas secas (lo mismo que cuando se rehogan las legumbres en la manteca) se debe poner un poco de manteca en la sopera ó en la cacerola, pero á última hora, á fin de que la manteca no hierva, lo que le quitaría su frescura.

Batido de yemas de huevo.

Cuando se añade un batido de yemas de huevo, es preciso ante todo desleirlas en unas cucharadas de caldo, para después echarlo todo en la cacerola, removiendo continuamente con la cuchara de madera; pero es necesario impedir la ebullición, con la cual el batido de yemas se pone duro inmediatamente.

FORMULA 1.ª

Caldo de puchero.

Para hacer un buen caldo de puchero, se escoge un buen pedazo de carne de la pierna, de la nuez, del lomo ó de la espaldilla, como de unas dos libras de peso; se ata con un bramante dándole la forma de un cuadrado, y se pone en una marmita de unos cuatro litros de cabida, que se llena de agua fría.

Se pone á hervir, y se espuma cuidadosamente. Después se sazona con sal en grano; se añaden tres zanahorias, nabos, un ramito de puerros, una rama de apio, dos dientes de ajo, una cebolla rehogada y picada, tres clavos de especia, una ramita de tomillo, otra de perejil y una hoja de laurel.

Si se quiere añadir una col, se puede hacer más tarde, porque se cuece más pronto que las otras legumbres. La col cambia el sabor del caldo, é impide su conservación. Se cuece á fuego suave durante seis horas.

Se colorea el caldo con cebollas tostadas, con azúcar quemado, ó sencillamente con un colorante que se adquirirá ya preparado.

Sólo debe colorearse la cantidad de caldo que se emplee el mismo día, y en el momento de servirlo.

Se desengrasa y cuela el caldo, vertiéndolo en una sopera

sobre pan rebanado en pequeñas laminillas.

Para dar al caldo mejor sabor, puede ponerse con la carne un pedazo de pecho de carnero, un jarrete de vaca ó un ave despedazada.

Puede conservarse el caldo durante muchos días. Después de haberle desengrasado y colado cuidadosamente en una vasija de barro, se le deja en un sitio frío, sin cubrir la vasija. En el invierno se conserva así por mucho tiempo sin alterarse; pero en el verano es preciso hervirle todos los días, conservándole en un recipiente apropiado.

FORMULA 2.ª

Consommé.

Se ponen algunos trozos de carne de vaca y un pollo ó un gallo en una marmita llena de caldo. Se sazona, y se pone al fuego, añadiendo nueva cantidad de caldo á medida que se reduce el líquido de cocción. Se deja cocer á fuego lento durante cinco horas ó más. Después de desengrasarlo, se pasa por un colador fino.

FORMULA 3.ª

Sopa de pan tostado.

Se corta el pan en láminas delgadas, que se ponen en la parrilla por los dos lados, y se colocan después en una marmita de barro. Se añade el caldo de manera que queden bañadas, y cuando comiencen á gratinarse, se llena de caldo la marmita, y se sirve el todo bien gratinado, después de remover las risqueritas de pan. También se puede poner el pan gratinado en una sopera, en la cual se vierte el caldo.

FORMULA 4.ª

Sopa al minuto.

Se pica una media libra de carne de vaca y un ave deshuesada, y se ponen en la cacerola con agua y sal, añadiendo puerros, zanahorias, nabos, cebollas y clavos de especia finamente picados. Se hierve á fuego vivo; se espuma, y después de media hora de cocción se cuela el caldo, y se sirve.

Esta sopa es muy delicada y de fácil digestión para los enfermos.

FORMULA 5.ª

Cocido á la inglesa.

Se toman zanahorias, nabos, puerros, una cabeza de ajos, apio, tomillo y laurel como para un cocido ordinario, y se echa un puñado de sal gruesa. Se calienta á fuego suave, y cuando el caldo haya entrado en ebullición, se le añade una pierna de carnero envuelta en una tela fina. Se pone á hervir durante una hora por cada libra de carne, y una hora antes de servirlo se añaden unas patatas enteras y peladas. Se separa *la tela antes de servir* la pierna de carnero, que debe estar sangrienta, y se coloca rodeada de las legumbres en un plato.

Coloreado el caldo, se sirve en la sopa con cuscurros de pan tostados.

FÓRMULA 6.ª

Sopa á la velouté.

En el fondo de la sopera se deslíe una yema de huevo con manteca y una cucharada de crema por persona. Se bate todo junto, y se añade por pequeñas porciones caldo caliente, removiendo sin cesar con la cuchara de madera.

FÓRMULA 7.ª

Sopa á la Reina Margot.

Se cuece un ave en caldo con tomillo, perejil y laurel, cebolla, zanahoria y un poco de apio, sal y azúcar. Retirada el ave cuando esté cocida, se pican y machacan claras de huevo cocido, desliéndolas en el caldo, y añadiendo miga de pan. Se cuela el caldo y el puré por un tamiz, y vuelve á calentarse, removiéndolo con cuchara de madera. En el momento de servirla se añaden á la sopa unas almendras dulces machacadas y desleídas con crema, y algunas yemas de huevo.

FÓRMULA 8.ª

Sopa refrescante.

Se pone en la marmita un pollo con un puñado de cebada, otro puñado de arroz y una taza de miel, y se llena de agua. Se añade sal, y se deja cocer hasta que el caldo se reduzca á la tercera parte: entonces se cuela, y se espolvorea con perifollo.

Esta sopa es ligera y calmante.

FÓRMULA 9.ª

Caldo de vaca.

Se pone en la marmita un pedazo de vaca, y se llena la vasija de agua; se añade sal, y se pone á hervir á fuego suave durante hora y media, añadiendo una cebolla, una zanahoria, un nabo, un cogollo de lechuga y un poco de apio, y dejándolo al fuego media hora más. Desengrasado el caldo, se cuela, y se espolvorea con perifollo.

FORMULA 10

Consommé real.

Se baten unas yemas de huevo (dos yemas por persona), se

deslíen en un poco de pan rallado, y éste se sazona con sal y nuez moscada. Se vierte en pequeños tarritos de crema, que se ponen al baño de maría. Cuando la crema esté bien espesa, se deja enfriar, y se corta en pequeños trozos, los cuales se ponen en el fondo de la sopera, y ésta se llena de consommé.

FORMULA 11

Sopa Pompadour.

Se machaca con trufas la carne de un pollo cocido, y se deslíe en caldo con tres yemas de huevo y dos huevos enteros. Se bate todo junto, se le añade un poco de sal, se pasa por el tamiz, y se llenan con este *puré* pequeños tarritos de crema, los cuales se ponen al baño de maría. Cuando se hayan enfriado, se cortan en pequeños cuadraditos y tiras, para ponerlas en la sopera, y verter encima un buen consommé de ave.

FORMULA 12

Sopa Ceres.

Se baten dos yemas de huevo, y se mezclan con una pequeña cantidad de puré de zanahorias. Se vierte en pequeños tarritos de crema, que se ponen al baño de maría. Una vez fríos, se corta la masa en cuadraditos.

Se prepara de la misma manera un puré de guisantes ó de puntas de espárragos, añadiéndoles un poco de espinacas.

Se prepara un puré de coliflores, y se mezcla con dos claras de huevo bien batidas. Se pone al baño de maría, y después de haberse enfriado, se corta en pequeños cuadraditos. Póngase el todo en la sopera, y viértase el caldo espesado con tapioca, fécula, arroz ó sémola.

FORMULA 13

Juliana.

Se corta en tiras delgadas toda clase de legumbres frescas, como zanahorias, nabos gallegos, puerros, patatas, apio, etc., y se pican cebollas, lechugas acederas y perifollo. Se pone en la cacerola una buena cantidad de manteca, y se le añaden las legumbres, para ponerlas á fuego vivo, removiéndolas, y añadiéndoles caldo caliente. Se echa sal y azúcar, y se deja hervir á fuego lento hasta que todo esté bien cocido. Pueden añadirse guisantes, puntas de espárragos y judías verdes.

Este caldo se vierte sobre pequeñas rebanadas de pan cortadas en triángulos, en cuadrados ó en círculos, previamente fritos en manteca; pero ordinariamente se sirve con las legumbres solas.

FORMULA 14

Sopa de pichones.

Abiertos, pasados por la llama y bien limpios dos pichones, se ponen en la marmita llena de agua con zanahorias, apio y sal. Cuando el caldo esté en ebullición, se deja tres cuartos de hora á fuego lento, se cuela, y se le añade cebada perlada, que se habrá cocido aparte. Vuélvese á calentar, y se vierte en la sopera, donde se habrán puesto los filetes de pichón cortados en pedazos.

FORMULA 15

Sopa de cazadores.

Después de desplumarlas, se abren y pasan por la llama una

perdiz y algunas codornices, y se desuella un conejo de campo. Pónese todo ello en la marmita con sal, cebolla, clavo de especia, tomillo, laurel, zanahoria, apio, un jarrete de vaca y una loncha de jamón. Se llena de agua la marmita, y se deja á medio hervor hasta que la caza esté completamente cocida. Se sacan las carnes, y se machacan con miga de pan, para pasarlas por el tamiz, y volver á ponerlas en la cacerola con el caldo y media botella de vino de Madera. Se calienta sin dejarlo hervir, y se sirve con albóndigas ó quenelles de caza.

FORMULA 16

Sopa de liebre.

Se desuella y abre una liebre, y se guarda la sangre. Deslíese una cucharada de harina en buena cantidad de manteca, y en la mezcla se refríe la liebre cortada en pequeños pedazos. Se añade un vaso de vino de *Oporto* y caldo en cantidad suficiente, sal, pimienta, cebolla, laurel, tomillo, romero, apio, toronjil, albahaca y mejorana. Después de una hora de cocción, se retiran los pedazos de la liebre, y se ponen en la sopera. Cuélase el caldo, del cual se mezclan algunas cucharadas con la sangre, para añadir á la cacerola este batido, removiendo continuamente. Se vierte el caldo *en la sopera*. Este potaje debe tener un sabor muy pronunciado, para lo cual se le añade pimienta de Cayena.

FORMULA 17

Sopa de vaca.

Se toma una cola de vaca, que se corta en pedazos de trecho en trecho. Se lava con agua tibia, y se seca con un lienzo. Se rehoga en manteca con un ramito de tomillo, perejil y laurel, cebolla, zanahoria y clavo de especia. Se añade agua hirviendo y media botella de vino blanco, y se deja á medio hervor hasta completa cocción, próximamente, cinco horas.

Cuando la cola de vaca está cocida, se colocan los pedazos en la sopera con pequeñas patatas, nabos y zanahorias cortados á lo largo, y pequeñas cebollas nuevas, que se pondrán á cocer en el caldo media hora antes de servirlas.

FÓRMULA 18

Sopa rusa.

Durante algunos minutos se saltean en manteca riñones con cebollas cortadas en pequeños pedazos. Se colocan en la sopera con aceitunas, pepinillos cortados en rajas y pequeños champignons. Viértase encima el caldo caliente, que se espesa con dos yemas de huevo, y se añade un poco de pimienta de Cayena.

FÓRMULA 19

Sopa á la slava.

Se despluma un pato, se abre para limpiarlo, y se pasa por la llama. Se pone en una marmita llena de agua con sal, un ramo de tomillo, laurel y perejil, cebolla, zanahorias y un poco de apio. Cuando el pato está cocido, próximamente dos horas después, se corta en tiras, las cuales se colocan en el fondo de la sopera. Se vierte encima una juliana al arroz, preparada aparte, y se espolvorea con hinojo picado.

FORMULA 20

Sopa de tortuga.

Se coge la tortuga por las patas de atrás, se le corta la cabeza, y se deja escurrir la sangre durante doce horas. Se vuelve la tortuga sobre el dorso, se parte por el medio, y se le quitan los intestinos; se sierra en cuatro partes la concha, y se saca la carne y la grasa, para ponerlas á hervir con la cabeza y las patas. Cuando se levantan las escamas, se retira el todo para limpiarlo con cui-

dado, separando las escamas de las partes gelatinosas. Vuélvese á cocer cuatro horas, espumando como un cocido ordinario, y agrégase zanahoria, cebolla, tomillo, laurel y clavo de especia.

Separadamente, se hace un consommé con igual cantidad de carne de vaca, de ternera y de pollo, á la cual se añade un poco de champignons, salteados en manteca con laurel, toronjil, menta, romero, apio, perejil, cebollas, mejorana, tomillo, etc. Se mezclan dos terceras partes del caldo de tortuga con una tercera parte de consommé; se deja cocer por cuatro horas, y se pasa por el tamiz. La carne de la tortuga se corta en láminas delgadas, y se hierve durante veinte minutos con una botella de vino de Madera. Póngase todo en la sopera, donde se habrá exprimido el zumo de un limón.

FORMULA 21

Sopa de falsa tortuga.

Se deshuesa media cabeza de vaca, y se pone á cocer en agua

salada, añadiendo algunos aromáticos, como tomillo y mejorana, y pequeñas cebollas. Cuando la cabeza está cocida, se retira del agua, y se corta la carne en pequeños trozos. Se deslíe en manteca una cucharada de harina, y se le añade un poco del caldo de la cocción, agregando los pedazos de la cabeza de vaca y dos vasos de vino de Madera, para dejarlo á medio hervor durante una media hora.

Separadamente, se cuece molleja de vaca, champignons y

crestas de gallo ó menudillos de ave, que se ponen en la sopera, vertiendo el caldo encima.

FORMULA 22

Sopa de menudillos.

Se pone á derretir una prudente cantidad de manteca, en la cual se rehogan los menudillos de ánade ó de pava cortados en pedazos. Se espolvorea con harina, se añade agua caliente y vino blanco, se sazona con sal y pimienta, y se añade cebolla, perejil, laurel, tomillo, apio, toronjil y albahaca. Después de una hora de cocción, se ponen los menudillos de ave en la sopera, se cuela el caldo, espesado con sémola ó tapioca, y se agrega un poco de pimienta de Cayena.

FORMULA 23

Sopa con gelatina de oca.

Se dejan en remojo unas judías blancas, y se ponen á cocer en agua fría con sal, pimienta y cebolla. Una hora antes

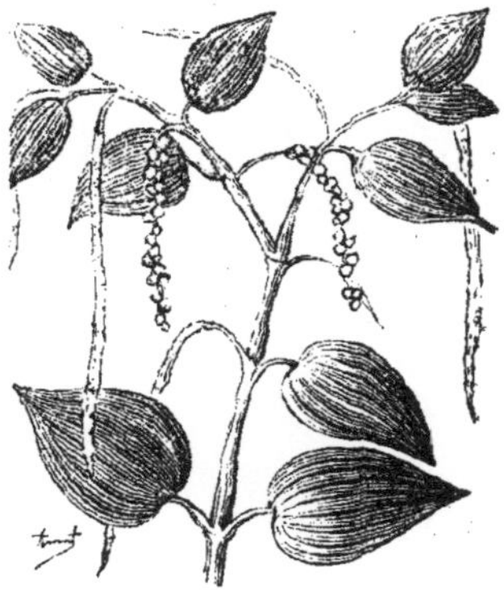

de servirlas, se deslíe una cucharada de harina en manteca y gordo de jamón, y en esta mezcla se rehogan una cebolla y una zanahoria, para verter la salsa en las judías, añadiendo un pedazo de gelatina de oca y unas patatas. Déjese hervir, y sírvase muy caliente.

Se sirve gelatina de oca en un plato aparte.

FORMULA 24

Sopa con qnenelles.

Se pica finamente carne de vaca, de ave ó de pescado, y se pone durante media hora en leche con igual cantidad de miga de pan. Después de enjugarla cuidadosamente, se añade sal y pimienta, y se machaca todo junto en un mortero con dos yemas de huevo y una clara batida hasta que forme mucha espuma. Se hacen con esta masa pequeñas croquetas ó albondiguillas del tamaño que se desee. Se estrellan durante cinco minutos en el potaje magro ó graso, y se sirven.

FORMULA 25

Sopa con huevos estrellados.

Se cascan unos huevos bien frescos en agua ó caldo hirviendo, evitando que se toquen unos á otros, y al cabo de cinco minutos de cocción, se retiran con la espumadera, y se ponen en la sopera, en la cual se vierte cuidadosamente el caldo, la juliana ó un potaje.

Todos estos potajes pueden hacerse con leche de la misma manera, y con sólo reemplazar el caldo por leche. Pueden ser salados ó azucarados, y se pueden aromatizar con vainilla, flor de azahar ó una hoja de laurel.

También se hacen igualmente con agua, y añadiéndoles una cierta cantidad de manteca, sal, pimienta y perejil picado.

FORMULA 26

Sopa de pastas.

Sopa de fideos ó de pastas de Italia.—Se pone al fuego el caldo, y cuando esté en ebullición, se parten en trozos los fideos ó las pastas de Italia, y se dejan caer en forma de lluvia, al mismo tiempo que con la otra mano se remueve el caldo con la cuchara de madera. Se hierve á fuego suave durante un cuarto de hora, y se sirve.

Sopa de sémola.— Cuando el caldo está en ebullición, se añade la sémola en forma de lluvia, y se deja cocer un cuarto de hora.

Sopa de tapioca. —Se vierte la tapioca en forma de lluvia sobre el caldo en ebullición, poniendo una cucharada de dicha fécula por cada persona, y agitando sin cesar para evitar que se formen grumos; se deja cocer durante diez minutos. Es frecuente servir á los convidados al mismo tiempo un platito con queso de Gruyère ó parmesano rallados.

Sopa de fécula.—Se deslíe desde luego una gran cucharada de fécula en un poco de caldo frío, que se vierte sobre el caldo cuando termina la ebullición, para dejarlo hervir durante tres minutos, removiendo continuamente con la cuchara.

FORMULA 27

Sopa de macarrones.

Cortados los macarrones en pedazos largos, se ponen á cocer en agua hirviendo y salada hasta que estén tiernos, y se sumergen cinco minutos en el caldo en ebullición. Después de escurrirlos, se ponen en el fondo de la sopera en varias capas, espolvoreando cada una con queso de Gruyère rallado, y echando encima el caldo hirviendo.

FORMULA 28

Sopa de macarrones con tomates.

Cortada en rodajas una cebolla, se rehoga en la cacerola con manteca y con tres tomates, pasándolo todo por el tamiz. Se vuelve á calentar con cantidad suficiente de caldo.

Se corta en pequeños trozos cierta cantidad de macarrones, que se cuecen en agua salada.

Se colocan los macarrones en el fondo de la sopera, se espolvorean con queso de Gruyère rallado, y se vierte encima el caldo hirviendo.

FORMULA 29

Sopas con nouilles.

Se amasa un poco de harina con dos huevos enteros y un poco de sal. Se extiende la pasta en capas delgadas, y se corta en tiras, que se cuecen algunos minutos en agua hirviendo, y se ponen después diez minutos en agua en ebullición. Se colocan los nouilles en la sopera, espolvoreándolos con queso parmesano rallado, y encima de ellos se echa el caldo hirviendo. Se puede reemplazar el caldo por leche, poniendo sal y azúcar, y aromatizándolo con vainilla, flor de naranjo ú hojas de laurel.

FORMULA 30

Sopa de raviolis.

Se baten dos huevos, que se deslíen con harina, sal y pimienta, amasando bien la mezcla para hacer una pasta ligera. Se espolvorea con harina una plancha de palastro, y sobre ella se extiende la pasta con un rodillo. Se corta en pequeños redondeles como obleas grandes, sobre la mitad de los cuales se pone un poco de picadillo de carne de aves ó de pescado, y se recubren con las otras rodajas, mojándolas un poco alrededor, á fin de que queden bien cerradas. Se ponen los raviolis durante cinco minutos en caldo hirviendo, y se vierte todo ello en la sopera sobre queso de Gruyère ó parmesano rallado.

FORMULA 31

Sopa suiza.

Se mezclan cantidades iguales de queso de Gruyère y harina con un huevo entero por cada convidado; se deslíe el todo en cantidad suficiente de leche ó de caldo, y se le pone sal y pimienta. Se calienta á fuego suave y sin cesar de mover con la cuchara de madera, y al primer hervor se vierten, y se sirven.

FÓRMULA 32

Sopa á la nieve.

Se rehoga en manteca un poco de acederas; se añade agua hirviendo, sal y unas rebanaditas de miga de pan, dejándolo cocer á fuego suave durante media hora.

Se calienta un poco de leche, en la cual se habrán batido unas yemas de huevo; se le añaden las claras batidas hasta que formen espuma; se pone este batido en la salsa, y se sirve.

FORMULA 33

Sopa de arroz.

Se lava el arroz en varias aguas, y, tomando de él una cu-

charada por cada persona, se cuece durante una hora en una mezcla de caldo y de agua hirviendo en partes iguales. Póngase en la sopera, y sírvase.

FORMULA 34

Sopa de albondiguillas de pan.

Desmigajado el pan en leche, se pone con manteca en una cacerola, y se calienta durante cinco minutos, al mismo tiempo que se revuelve. Retirado del fuego, se le añade harina, sal, pimienta, nuez moscada, un huevo y queso de Gruyère ó parmesano rallado. Se amasa esta mezcla, y se forman albóndigas del tamaño de nueces pequeñas, las cuales se dejan diez minutos en caldo hirviendo; y al cabo de este tiempo se pone todo en la sopera.

FORMULA 35

Sopa de albondiguillas de pasta.

Se derrite á fuego suave una cierta cantidad de manteca. Retirada del fuego, se mezcla con harina, yemas de huevo desleídas y claras batidas y espumosas, sal, pimienta y nuez moscada, añadiendo un poco de leche. Es preciso que la pasta resulte de buena consistencia. Con ella se forman albondiguillas del tamaño de una nuez pequeña, y se ponen durante diez minutos en el caldo en ebullición. Al cabo de este tiempo, se pone todo en la sopera.

FORMULA 36

Papilla.

Para un litro de leche se toman dos cucharadas de harina. Se hierve esta leche, y cuando está en ebullición, se remueve con cuchara de madera, al mismo tiempo que se añade la harina, desleída de antemano en un poco de leche fría. Hay que remover continuamente para evitar que se formen grumos, y á fin de que la papilla resulte bien homogénea. Es suficiente un cuarto de hora de cocción. Viértase sobre miga de pan tostado ó cuscurros fritos en manteca, y añádase sal ó azúcar.

Las papillas de harina de maíz y de harina de avena son muy nutritivas y de fácil digestión.

FORMULA 37

Panatela.

Se toman unos pedazos de miga de pan blando, y se ponen en una cacerola ó en un pequeño puchero de barro con agua salada. Se cuecen á fuego vivo, removiendo de tiempo en tiempo para que el pan no se queme. Cuando la panatela está reducida, y tiene cierta consistencia, se le añade un poco de manteca, y *cuando* ésta está derretida, se remueve y se sirve.

Para darle un sabor más delicado, cuando la panatela se ha retirado del fuego, se le añade un batido de yemas de huevo, agitándolo para impedir la formación de grumos. Para hacer esta sopa más agradable á los niños, se cuela, y se le añade leche y azúcar en el momento de servirla.

FORMULA 38

Sopa á la reina.

Se hierve leche con un poco de sal ó de azúcar. Se retira del fuego, y se le añade un batido de yemas de huevo (un huevo por persona, que debe desleirse primero en agua fría), y se revuelve bien con la cuchara de madera.

Separadamente, se cortan trozos de miga de pan en pequeños cuadrados, se espolvorean con azúcar, se colocan en un plato hondo, y se tuestan al horno. Se ponen después en la sopera, y se vierte el caldo encima. Se aromatiza con vainilla, flor de naranjo, una hoja de laurel, almendras ó canela.

FORMULA 39

Sopa á la crema de cebada.

Se pone en remojo cebada perlada durante varias horas. Se pone en una cacerola un poco de manteca y una cucharada de harina, y se deja cocer algunos minutos, añadiendo agua hirviendo ó caldo de aves, y se echa la cebada perlada. Se añade sal y azúcar cuando la cebada está cocida; se pasa por un tamiz; se vuelve á calentar; y, en el momento de servirlo, se añaden unas yemas de huevo, crema y un poco de manteca.

Se pueden agregar pequeños guisantes, puntas de espárrago ó quenelles de ave.

FORMULA 40

Sopa de Nochebuena.

Se quita la cáscara á unas almendras, y se ponen algunos minutos en agua tibia, para pelarlas. Se machacan en un mortero, mojándolas con leche, y se pasan por un tamiz estrujándolas fuertemente. Se hierve un poco leche, á la que se añade sal ó azúcar, y se aromatiza con vainilla. Se agrega una cucharada de tapioca, y se vierte en la sopera, mezclando en ella esta leche con la de almendras. Se fríen unas rebanadas de pan untadas con manteca, se espolvorean con azúcar, y se gratinan al horno, agregándolas después á la sopa.

Almendro.

Es un plato exquisito y de un gusto muy delicado.

FORMULA 41

Sopa de hierbas.

Se derrite un poco de manteca, y se echa en ella una cantidad de hierbas, acederas, perifollo, verdolagas, espinacas, lechugas y cebollas, picadas todas menudamente. Se añade agua, sal, pimienta, manteca ó grasa de oca ó de vaca; se cuece durante un cuarto de hora, y se vierte sobre pan ó sobre un puré claro de patatas, guisantes ó habichuelas blancas. Se puede hacer también hirviendo estas hierbas en agua, y sazonándolas solamente con sal gruesa. Es un plato ligero y muy refrescante, que se puede tomar los días en que se esté de purga.

FORMULA 42

Sopa de verduras.

Se ponen en agua hirviendo pequeños guisantes, puntas de espárragos y judías verdes cortadas en pedazos pequeños. Se salan, y se cuecen unos diez minutos, añadiéndoles un poco de tapioca. En el momento de servirlo se echa un poco de manteca, y se espolvorea con perejil finamente picado.

FORMULA 43

Sopa de berros.

Se pelan, limpian y cuecen en agua salada unas patatas, y una vez cocidas, se reducen á puré. Se pican menudamente las hojas de un manojo de berros. Se añaden patatas al caldo, pero sin calentarlo, á fin de que los berros no pierdan su frescura. Se vierte en la sopera, y se añade manteca y un batido de yemas de huevo.

FORMULA 44

Sopa de acederas.

Se lava y limpia un puñado de acederas, se ponen en una cacerola con manteca, se llena de agua, se echa sal y pimienta, y se deja hervir durante un cuarto de hora; en el momento de servirlo, se añade un batido de yemas de huevo desleídas en leche fría.

Añádase leche y crema.

Según el gusto de los comensales, se añaden claras de huevo, que se ponen en el caldo cuando éste hierve, y se dejan estrellar algunos minutos sin removerlas.

Después de la cocción se vierte el caldo sobre rebanaditas de pan, ó se hace una sopa de arroz ó de tapioca, dejando cocer el arroz durante media hora, y la tapioca, diez minutos en el caldo de acederas.

FORMULA 45

Sopa de puerros.

Se limpian los puerros, y se corta la parte blanca en pequeñas tiras iguales; se cuecen en agua salada, se escurren, y se dejan dorar en aceite. Se echa caldo sazonado con sal y pimienta. Á los veinte minutos de cocción se vierte en la sopera sobre cuscurros de pan fritos.

FORMULA 46

Sopa de puerros y patatas.

Se limpian las patatas, y se cuecen en agua. Diez minutos después se añaden los puerros y una hoja de col finamente picada, con un poco de manteca; cuando las patatas estén cocidas, se destripan, y se pone todo á calentar, vertiéndolo después en la sopera,

Patatas.

donde se habrá cortado pan en rebanadas finas, y puesto un poco de manteca.

FORMULA 47

Sopa de cebollas.

Se limpian varias cebollas, y se cortan en cuadraditos pequeños. Se ponen en una cacerola con bastante cantidad de manteca, y cuando están bien rehogadas, se añade agua hirviendo, sal y pimienta. Se dejan cocer diez minutos, y se sirven echando en la vasija queso de Gruyère ó parmesano rallado.

La sopa de cebolla con leche se prepara del mismo modo, sustituyendo el agua con leche.

Cebolla.

Para la sopa de cebollas con queso, se fríen las cebollas espolvoreándolas con harina; después se añaden trocitos de pan mojados en claras de huevos, se añade agua, sal y pimienta, y se deja hervir durante diez minutos. Se cubre todo con queso de Gruyère ó parmesano rallados, se pone á gratinar al horno, y se sirve muy caliente. Esta sopa se prepara en la misma sopera donde haya de servirse.

FORMULA 48

Sopa suiza.

Se pican menudamente unas cebollas, y se ponen en una cacerola con manteca, espolvoreándolas con harina, sin dejarles que tomen color; pero cuando ya estén cocidas, se deshacen, y se pasan por el tamiz. Se añade agua en cantidad suficiente, sal y pimienta, y se deja hervir por espacio de un cuarto de hora. En el momento de servirlo se agrega un poco de manteca, un batido de yemas de huevo y una taza de crema, vertiéndolo todo sobre cuscurros de pan fritos.

FORMULA 49

Sopa de ajo.

Se limpia un puñado de ajos, y se echan en agua hirviendo; se sala, y se deja cocer durante un cuarto de hora.

Se cortan trocitos de pan, y se rocían con buen aceite de olivas, poniéndolos en una so-

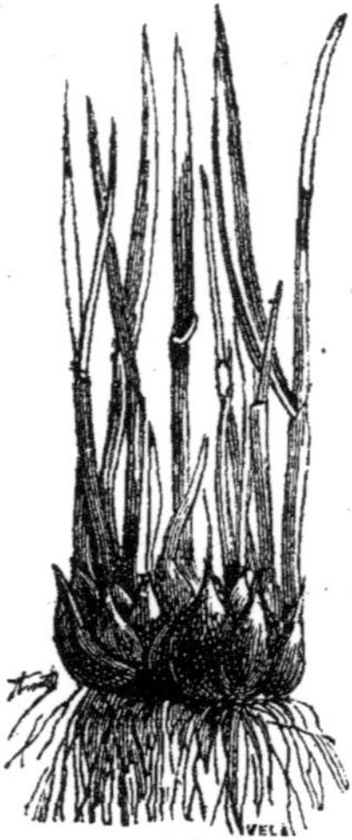

Ajos.

pera. Se vierte en ella el caldo, añadiendo un batido de yemas de huevo.

Esta sopa es muy apreciada en el Mediodía.

También se da á los niños como un excelente vermífugo.

FÓRMULA 50

Sopa provenzal.

Se fríen en aceite de olivas unos dientes de ajo, zanahorias, nabos, patatas y puerros cortados á la juliana. Se echa agua hirviendo, se añade sal y pimienta, y se vierte sobre pequeños cuadraditos de pan fritos en aceite.

FÓRMULA 51

Sopa aromática.

Se fríen en aceite de olivas dientes de ajo, laurel, tomillo, mejorana y albahaca, y se echa sal y pimienta. Se añade agua hirviendo, y se deja cocer durante diez minutos. Se preparan en una sopera trocitos de pan tostado.

Se cuela el caldo, y se vierte sobre el pan, que se dejará calar al fuego. Cuando el caldo sea absorbido por el pan, se cascan encima unos huevos, estrellándolos al fuego. Se espolvorea con hinojo picado.

FORMULA 52

Sopa á lo Colbert.

Se toma igual cantidad de cebollas nuevas, de ramitos de coliflor, de nabos y de zanahorias cortadas en forma de bolas. Se cuecen estas legumbres en agua salada, se colocan en el fondo de una sopera, y se vierte encima el caldo. Se sirven separadamente unos huevos estrellados.

FORMULA 53

Sopa australiana.

Se cuecen durante diez minutos en agua salada zanahorias, nabos y apio cortados en pedazos regulares, y empleando la misma cantidad de cada cosa. Se pone en una cacerola un poco de manteca, en la cual se hacen rehogar puerros y zanahorias cortadas en pedazos, para añadirles después las otras legumbres. Se espolvorea con azúcar en polvo, y se rocía con caldo hirviendo.

Cuando el caldo se encuentra en ebullición, añádese arroz previamente cocido en agua. Al cabo de media hora de cocción, se sirve.

FORMULA 54

Sopa á la jardinera.

Se pican menudamente zanahorias, nabos, cogollos de lechuga y acederas, todo lo cual se rehoga con manteca en una cacerola, añadiendo agua caliente en cantidad bastante para la sopa, y poniendo además puntas de espárragos y guisantes, sal y pimienta. Después de haber cocido media hora, se vierte en la sopera sobre rebanaditas de pan frito, y agregándole una buena cantidad de manteca.

FORMULA 55

Sopa á la aldeana.

Se pican menudamente perejil, ajos y cebolletas; se colocan, formando una capa bastante gruesa, sobre rebanadas de pan delgadas y puestas en el fondo de la sopera. Se vierte encima un vaso de crema; se llena la sopera de agua hirviendo, y se pone un poco de sal.

FORMULA 56

Sopa á la primavera.

Se cortan en pequeños cuadraditos patatas, zanahorias y nabos, y se pican unas coles de Bruselas. Se ponen en una marmita llena de agua, y se deja hervir el líquido durante diez minutos. Entonces se añaden judías verdes, pequeños ramitos de coliflor, guisantes, cebollas y puntas de espárrago, y se continúa hirviendo hasta completa cocción. En el momento de servirlo se le añade un poco de manteca, se espolvorea con perejil finamente picado, y se vierte sobre las rebanaditas de pan puestas en la sopera.

FORMULA 57

Sopa de espárragos.

Se rehoga en manteca un poco de harina, y se añade á esta mezcla agua hirviendo, y después, los espárragos, á los cuales se les habrá quitado la parte dura. Se pone sal cuando los espárragos están cocidos, y entonces se pasa el caldo por un colador. Vuélvese á calentar, echando de nuevo los espárragos, y se vierte en la so-

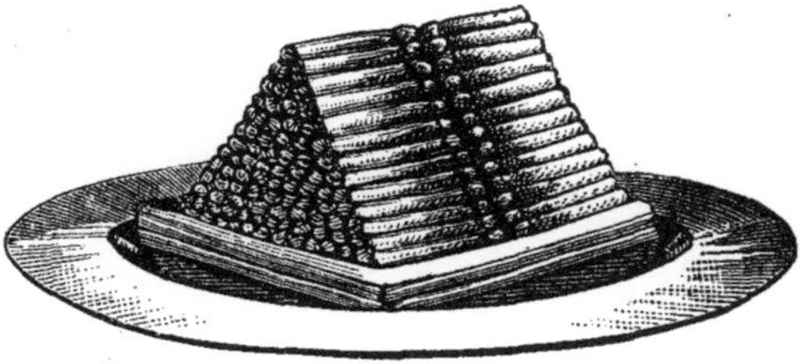

pera, añadiendo una cucharada de manteca y otra de crema.

Si se quiere que el puré resulte muy verde, se agrega un poco de espinacas.

FORMULA 58

Sopa de tomates.

Se ponen en la sartén los tomates con manteca, sal, pimienta, tomillo, laurel, nuez moscada y una cebolla picada finamente. Se hace puré, y se pasa por el tamiz, desliendo un poco de harina.

Separadamente, se cuece

arroz en agua hirviendo durante una hora próximamente (una cucharada por cada convidado), y se le añade el puré de tomates, revolviendo todo ello con la cuchara de madera, y dejándolo cocer á fuego lento. En el momento de servirlo se agrega un poco de manteca, y se espolvorea con perejil finamente picado.

FORMÚLA 59

Sopa Rossini.

Se corta en rodajas una cebolla, y se rehoga en manteca, sin dejarle que tome color, hasta que pueda ser desmenuzada y reducida á puré. Entonces se espolvorea con harina, y se le echa sal, pimienta y la cantidad necesaria de agua hirviendo.

Separadamente, se deshacen en agua hirviendo dos ó tres gruesos tomates con tomillo, perejil, sal y pimienta, y se reduce la mezcla á puré, pasándola por el tamiz. Viértase este puré en la crema de cebollas; mézclese todo á fuego suave; añádase queso de Gruyère ó parmesano rallado, y viértase sobre rebanadas de pan frito.

FORMULA 60

Sopa de champignons.

Cortados los champignons en pequeñas tiras, se ponen en una cacerola con manteca y cebolla picada; se espolvorea con harina; se añade un vaso de vino de Madera y la cantidad suficiente de agua hirviendo, sazonándolo con sal, pimienta y ajo. Después de veinte minutos de cocción, se retira del fuego, y se añaden unas cuantas yemas de huevo, una taza de crema y una cucharada de manteca. Viértase sobre rebanaditas de pan fritas en manteca, y espolvoréese con perejil finamente picado.

FORMULA 61

Sopa de lechugas rellenas.

Se cuecen diez minutos en agua hirviendo y salada unos cogollos de lechuga. Retirados del agua caliente, se ponen en agua fría, y se escurren; se cortan delicadamente los tronchos de cada lechuga sin que se deshaga el cogollo, y el hueco resultante se rellena con una masa hecha con carne de ave, huevos duros y cebolla picada. Se colocan en un plato hondo untado de manteca, se rocían con caldo, y se dejan en el horno un cuarto de hora. Después se colocan en una sopera, y se vierte encima el caldo hirviendo.

FORMULA 62

Sopa de lechugas y guisantes.

Se cuecen con una cebolla los guisantes en cantidad suficiente de agua hirviendo. Un cuarto de hora después se añaden cogollos

Guisantes.

de lechuga partidos en pedazos. Se hierve por espacio de diez minutos, se sazona con sal, y en el momento de servirlo se pone una cucharada de manteca.

Los guisantes sin desgranar, las habas y las judías verdes dan un excelente sabor á esta sopa.

FORMULA 63

Sopa de puré de legumbres.

Se pone en agua hirviendo toda clase de legumbres de la estación, y cuando estén cocidas, se reducen á puré estrujándolas en el colador. Vuelve á ponerse al fuego este puré, que no debe ser muy espeso, se sazona con sal y pimienta, se añade una cucharada de manteca, y se vierte encima de cuscurros de pan fritos.

Esta sopa es refrescante, económica y excelente.

FORMULA 64

Sopa Saint-Germain.

Se ponen en la cacerola unos guisantes con caldo ó agua fría. Se sazona con sal, pimienta, cebolleta y ajo, y cuando los guisantes estén cocidos, se reducen á puré. Se añade á este puré agua ó caldo, y se calienta en el momento de servirlo, agregándole una cucharada de manteca, para verterlo sobre rebanadas de pan frito. Se pueden dejar algunos guisantes enteros en el puré, el cual se espolvorea con perejil picado.

Si se quiere darle color, se añade un poco de espinacas, á fin de que el puré tenga mejor aspecto.

FORMULA 65

Sopa Esaú.

Se pone en una cacerola una libra de lentejas con agua, cebolla, apio, zanahoria, sal y un pedazo de tocino, si se quiere hacer una sopa grasa. Se pone á hervir á la lumbre, y cuando las lentejas están cocidas, es decir, cuando se despachurran fácilmente, se retiran las legumbres y el tocino, para reducir aquéllas á puré, que se calienta de nuevo. En el momento de servirlo se añade una cucharada de manteca, y se vierte sobre rebanadas de pan, fritas ó no.

Lentejas.

Si el puré resulta demasiado claro, se espesa con un poco de tapioca ó de sémola.

FORMULA 66

Sopa Condé.

Se ponen en remojo durante tres horas unas judías rojas. Se colocan en la cacerola con cebolla picada y clavo de especia, apio, zanahorias, una perdiz y un pedazo de tocino. Se añade sal y pimienta y la cantidad suficiente de caldo para ponerlo al fuego hasta que hierva, y dejarlo después á medio hervor para que se complete la cocción, es decir, tres horas próximamente. Separadas las carnes, se escurren las judías y se despachurran en el colador, para volver á poner el puré resultante en el fuego con el caldo, en el cual se remueven. Viértase sobre pan frito.

FORMULA 67

Sopa Crecy.

Se tienen unos minutos en agua hirviendo unas cuantas zanahorias, se cortan después en rodajas, y se rehogan en manteca con una gruesa cebolla. Se añade la cantidad suficiente de agua, y se reducen á puré pasándolas por un colador fino. Vuelven á ponerse al fuego con caldo, se les añade una ó dos cucharadas de arroz y un poco de sal, y en el momento de servirlo, una cucharada de manteca, vertiéndolo sobre pan frito.

FORMULA 68

Sopa de puré de nabos.

Se mondan y lavan los nabos, para cortarlos en pedazos.

Se deslíe en manteca una cucharada de harina, dejándola tomar color al fuego, y se añaden después los nabos, y agua en cantidad suficiente para la sopa, azúcar y sal. Se cuece durante un cuarto de hora, y se reduce á puré, el cual vuelve á calentarse en el caldo, espesándolo con dos cucharadas de tapioca. Puesto en la sopera, se le añade una cucharada de manteca y una taza de crema, mezclándolo todo bien hasta que la manteca se haya derretido.

FORMULA 69

Sopa de achicorias.

Después de haber limpiado las achicorias, se cuecen durante diez minutos en agua salada. Se escurren y se pican, para ponerlas en manteca en la cacerola, espolvoreándolas con harina, y añadiendo la cantidad necesaria de agua hirviendo, sal y pimienta, para dejarla media hora á fuego suave. Se pasa por el tamiz, se vuelve á calentar, y en el momento de servirlo se añade una cucharada de manteca y una taza de crema, y se vierte sobre cuscurros de pan frito ó sobre huevos estrellados.

FORMULA 70

Sopa de patatas ó á la Parmentier.

Se ponen en la marmita con agua y sal unas cuantas patatas cortadas en pedazos. Cuando están cocidas, se majan y se pasan por el colador, volviendo á calentarlas con el agua de la cocción. En el momento de servirlo, se añade una cucharada de manteca y leche, ó mejor todavía, dos grandes cucharadas de crema. Se espolvorea con perifollo, y se vierte sobre pan frito.

FORMULA 71

Sopa de calabaza.

Se parte en pedazos una calabaza, y se le quitan la corteza y las pepitas. Se pica en pequeños trocitos, y se pone en la cacerola con manteca, sal, azúcar y leche ya hervida para evitar que se corte. Al primer hervor se vierte sobre pan cortado en rebanaditas.

Se puede perfumar esta sopa añadiéndole durante la ebullición una hoja de laurel ó de naranjo.

FORMULA 72

Sopa de calabaza y cebolla.

Se corta en trozos la calabaza, y se cuece en agua salada, para desmenuzarla y pasarla por el tamiz. Se fríe en manteca una cebolla cortada en rodajas, y se vierte sobre el puré de calabaza. Calentado todo junto, se echa en la sopera.

FORMULA 73

Sopa Faubonne.

Se hace un puré de guisantes ó de lentejas, y se vierte sobre legumbres cocidas á la juliana.

FORMULA 74

Sopa de escorzonera.

Se raspa la escorzonera, y se corta en pequeñas láminas, para ponerla en agua hirviendo con sal, una cebolla picada y un poco de azúcar. Cuando las legumbres están cocidas, se retiran del fuego, se añaden unas yemas de huevo, una taza de crema y una cucharada de manteca, y se vierte sobre las rebanadas de pan. Espolvoréese con perejil ó perifollo finamente picados.

FORMULA 75

Pote.

Se pone en un puchero de barro un trozo de pecho de carnero, tocino, salchicha, una col cortada en cuatro, zanahorias, nabos y cebollas. Se llena de agua, se pone un poco de sal y pimienta, y se deja cocer durante cinco horas. Una hora antes de servirlo se añaden unas cuantas patatas peladas, y se vierte sobre rebanadas de pan, poniendo en un plato aparte la carne, el tocino y la salchicha. Cuanto más se recalienta el pote, tanto mejor está.

FORMULA 76

Sopa de coles.

Se pone en agua hirviendo una col verde cortada en cuatro ó en ocho pedazos, según su tamaño. Se le quita el troncho, y se añade una cebolla, una zanahoria, una patata, un nabo, sal y pimienta. Después de una hora de cocción se pone una cucharada de manteca, y se vierte sobre el pan picado, agregando, si se quiere, un vaso de leche ó de crema.

FORMULA 77

Sopa de pan de avena.

Se limpia una col y se pone en una cacerola, después de haberla cortado en cuatro partes, con una loncha de jamón, cebolla, zanahoria y clavo de especia, dejándolo cocer durante tres horas. Se corta el pan de avena en delgadas rebanaditas, y se pone formando una capa en el fondo de una sopera, la cual se lleva al fuego. Se pone la col encima del pan; se espolvorea con queso parmesano rallado; se coloca otra capa de pan, y luego, otra de coles, alternando; se añade caldo, y se espolvorea nueva cantidad de queso. Después de estar diez minutos en el horno, se sirve acompañado de un plato, en el cual se habrá puesto el jamón cortado en pedazos y rodeado de las coles.

FORMULA 78

Sopa napolitana.

Se pican menudamente dos pequeñas coles rizadas, una cebolla, una cabeza de ajos y un pedazo de tocino, y se ponen en la cacerola con agua hirviendo. Se echa un poco de sal y de arroz, y se cuece durante una hora. En el momento de servirlo se añade una cucharada de manteca. Sírvase separadamente un platito con queso de Gruyère ó parmesano rallados.

FORMULA 79

Sopa alsaciana.

Se pone en una cacerola un poco de manteca con pequeñas salchichas y una cebolla finamente picada, espolvoreando todo ello con harina. Se hace dorar al fuego, y se añade caldo caliente. Cuando está en ebullición, se añade una berza, y se deja cocer á fuego lento durante una hora, al cabo de la cual se retiran las salchichas, dejándolo al fuego media hora todavía. Se vierte en la sopera, y al mismo tiempo se sirven en plato aparte las salchichas con quenelles de harina.

FORMULA 80

Sopa de coles de Bruselas.

Se rehoga en manteca un pedazo de tocino picado, y se añade suficiente cantidad de agua y coles de Bruselas. Cuando están cocidas, se retira una parte, y el resto se pasa por el tamiz. Se vuelve á calentar todo ello, y se vierte sobre cuscurros de pan fritos, añadiendo las coles enteras que se habían reservado.

Esta sopa es excelente y muy económica.

FORMULA 81

Sopa de coliflores.

Se pone á cocer una coliflor cortada en pedazos, con algunas patatas en agua salada. Cuando la coliflor esté cocida, se le quitan algunos ramitos, y el resto se deshace en el caldo, que se pasa por el tamiz. Se espesa la sopa con sémola ó tapioca, y se pone en la sopera, donde se habrán colocado los pequeños ramitos de coliflor, y añadiendo una cucharada de manteca.

FORMULA 82

Sopa de pepinillos.

Después de haber quitado á los pepinillos la corteza y las pipas, se cortan en pequeñas tajadas, que se espolvorean con sal. Una hora después se ponen en la cacerola con manteca, cebolla, perifollo y achicorias finamente picados. Se llena la vasija de caldo caliente con un poco de sal, y después de un cuarto de hora de ebullición se vierte en la sopera, no sin haberle añadido algunas yemas de huevo.

FORMULA 83

Sopa polonesa.

Se pican remolachas y cebollas, y se ponen en la cacerola

con una mezcla de agua y caldo en partes iguales, dejándolas á medio hervor durante hora y media. Se pasan por el tamiz, y vuelven á calentarse, añadiendo vino tinto. Se sazonan con sal, pimienta y un poco de pimienta de Cayena, y en el momento de servirlo se le agrega una taza de crema.

Remolacha.

FORMULA 84

Sopa de puré de castañas.

Se quita la cáscara exterior á las castañas, y se ponen á cocer en agua fría durante un cuarto de hora. Entonces se les quita el pellejo, y se reducen á puré, el cual vuelve á calentarse con leche; se le añade sal y azúcar, y se vierte sobre pan frito.

FORMULA 85

Sopa de Auvernia.

Se corta en pedacitos un trozo de tocino, y se fríe en manteca con sal y pimienta, añadiendo después caldo y agua hirviendo. Se mondan unas castañas, y se ponen á cocer en agua salada. Después de quitarles el pellejo, se reducen á puré, y se pone éste en el caldo, removiendo suavemente, y dejándolo cocer una hora, para verterlo después sobre cuscurros de pan frito.

FORMULA 86

Sopa de apio.

Se rehoga en manteca una cebolla picada. Se añade un poco de agua, el apio cortado en pedazos, una ó dos patatas y un poco de sal. Se pasa por el tamiz, y vuelve á calentarse, añadiendo una cucharada de manteca y un poco de nuez moscada antes de verterlo en la sopera sobre los cuscurros de pan fritos.

FORMULA 87

Sopa de caldo de pescado.

Se cuecen en agua hirviendo cebolla, ajos, zanahorias, tomillo y laurel con un poco de sal y pimienta. Se pone en la cacerola un pescado cualquiera, sargo, barbo, rodaballo, etc., y se añade un vaso de vino blanco. Cuando el pez esté cocido, se retira, se cuela el caldo, y se vuelve á calentar, hirviéndole con lechuga, perifollo y apio finamente picados.

En el momento de servirlo se agregan unas yemas de huevo, y se vierte la sopa sobre quenelles de pescado, ó bien sobre pedacitos de pan fritos en aceite.

FORMULA 88

Bouillabaisse.

Se descaman, se abren y se lavan algunos peces, tales como lenguado, pescadilla, anguila de mar, etc. Se cortan en pedazos, y se ponen en la cacerola, añadiendo un ramito de perejil, laurel y tomillo, cebolla, clavos de especia, ajos, zanahorias y unas rajas de limón. Se sazona con sal y pimienta y un poco de azafrán en polvo, y se añaden cuatro cucharadas de aceite, dos vasos de vino blanco y suficiente cantidad de agua para que todo quede cubierto. Se cuece á fuego vivo durante treinta minutos, se pasa por el colador, y se pone el caldo en la sopera sobre rebanaditas de pan fritas en aceite, colocando artísticamente el pez en un plato, para servirlo al mismo tiempo con la sopa.

Se puede hacer también este plato con peces de agua dulce, de preferencia la carpa, la tenca y la anguila de río.

FORMULA 89

Sopa de pepitoria.

Se lavan unos cangrejos en varias aguas, y se cuecen con cebollas, zanahorias cortadas en pedazos, perejil, tomillo y laurel, sazonando fuertemente con sal y pimienta. Al cabo de una hora, cuando los cangrejos están cocidos, se retiran, se les quita la cola, y se ponen alrededor para adornar la sopa. Se machacan las patas y caparazones en un mortero, se pasan por el tamiz, y vuelven á colocarse en el caldo, para cocerlo á fuego lento durante una hora. Se añade un poco de tapioca y una cucharada de manteca en el momento de verterlo en la sopera, sobre las colas que se habían reservado.

FORMULA 90

Sopa de sollo.

Se corta en pedazos un sollo, y se coloca en un plato untado de manteca; se humedece con vino blanco, y se pone en el horno. Separadamente, se prepara un cocido de apio, cebollas y puerros en agua con vino blanco, sal y pimienta y la cabeza y las espinas del sollo. Después de una hora de cocción se cuela el caldo, y se machacan con miga de pan los pedazos del pez, desliendo en caldo la masa resultante, para volver á calentarla de nuevo. Cuando el caldo está en ebullición, se retira del fuego, se le añaden algunas yemas de huevo, y se vierte sobre el pan frito.

FORMULA 91

Sopa de ostras.

Se limpian cuidadosamente las ostras, y se ponen enteras en agua hirviendo con laurel, tomillo y clavo de especia. Cuando se han abierto las

Ostra.

conchas, se separan las ostras, y se escurren bien. Separadamente, se deslíe en manteca una cucharada de harina; se añade cebolla, zanahoria, apio, ajo, lechuga, algunas rajas de limón, un vaso de vino blanco y agua. Después de media hora de cocción se cuela el caldo, y se deja á medio hervor un cuarto de hora con las ostras.

En el momento de servirlo se añaden yemas de huevo y crema, y se espolvorea con perejil.

FORMULA 92

Sopa de almejas.

Lavadas cuidadosamente las almejas, se ponen en la cacerola con cebollas y zanahorias cortadas en rodajas, ajos y clavo de especia y un poco de azafrán, añadiendo agua en cantidad suficiente para la sopa y un vaso de vino blanco. Cuando las almejas se abren, están cocidas. Entonces se retiran las conchas, y se ponen en la sopera, vertiendo encima de ellas el caldo, después de haberle colado, y añadiéndole algunas yemas de huevo y una cucharada de crema. Se espolvorea con perejil picado.

Azafrán.

FORMULA 93

Sopa de Cuaresma.

Se cuece diez minutos en agua salada un apio cortado en pequeños pedazos. Después de haberle escurrido, se fríe en aceite, y se le añade sal, pimienta y agua hirviendo. Cuando está blando, se deshace el apio, y se vierte en la sopera sobre quenelles de pescado.

FORMULA 94

Sopa de ranas.

Se limpian unas docenas de ranas, de las cuales solamente se utilizan las ancas despojadas de la piel. Se ponen en una cacerola con puerros, nabos, perejil y cebolletas pica-

Rana.

das. Después de tres cuartos de hora de cocción, se cuela el caldo, y se machaca la carne de ranas con miga de pan mojado en leche, para volver á calentarla de nuevo. Cuando el caldo está en ebullición, se le añade tapioca (una cucharada por persona), se deja cocer diez minutos, se retira del fuego, y se añaden unas yemas de huevo.

Es muy recomendable esta sopa para los enfermos del estómago.

FORMULA 95

Sopa de caracoles.

Se toman unas cuantas docenas de caracoles, y se tienen en remojo en agua fría durante doce horas. Se quitan las conchas, y se ponen los caracoles en la cacerola con agua, sal, cebolla, ajos, lechuga, algunos aromáticos y un vaso de cognac, y se deja cinco horas á fuego lento. Retirados los caracoles, se ponen en una cacerola, se espolvorean con harina, y se rehogan en aceite con tocino y cebollas. Se colocan ordenadamente los caracoles en el fondo de la sopera sobre rebanadas de pan refregadas con ajo, y sobre ellos se vierte el caldo colado.

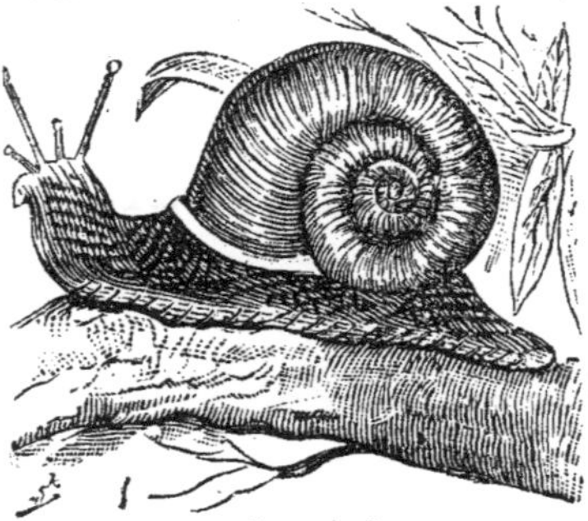

Caracol.

Este caldo se puede tomar solo. Es muy fortificante para los pechos débiles. En lugar de rehogar los caracoles, puede añadírseles, diez minutos antes de retirarlos del caldo, un poco de azúcar cande, goma arábiga y pasta de azufaifas. Se cuela, y se toma en pequeñas tazas como una tisana.

FORMULA 96

Sopa á la cerveza.

Se deslíe en manteca una cucharada de harina, y se le añade un poco de raíz de gengibre picada y un poco de tomillo, un vaso de vino blanco y una cucharada de ron. Se llena la cacerola de cerveza clara, y se mueve hasta la ebullición, dejándola cocer media hora.

Colado el caldo, se le añaden yemas de huevo (una por cada persona) y un pedazo de manteca, antes de verterlo sobre el pan tostado.

FORMULA 97

Sopa de sagú.

Se cuece el sagú en agua. Separadamente, se hierve vino con azúcar y canela, que se retira en seguida. Se vierte el vino en el sagú, y se deja cocer algunos minutos antes de servirlo.

Se pone sagú en el caldo, y se le deja hervir durante media hora.

El salep se emplea de la misma manera que el sagú.

FORMULA 98

Sopa de Mayo.

Se ponen en leche flores y hojas de melocotonero, y se espesa el caldo con tapioca. Se le añade un poco de azúcar, y se vierte en la sopera.

Se pelan unas almendras dulces y dos almendras amargas, y, después de machacarlas con un poco de agua, se pasan por el tamiz, y se estrujan en un lienzo fino, agregando esta horchata á la sopa.

FORMULA 99

Sopa de pistachos.

Mondados los pistachos, se machacan con un poco de leche, y se deslíen en nueva cantidad de leche, suficiente para la sopa. Se calienta, se añade azúcar, y se pasa por el tamiz.

Separadamente, se cortan pequeños trocitos de pan en forma de cuadrados; se fríen en manteca, se colocan en un plato, y se ponen á dorar al fuego, espolvoreados de azúcar, para colocarlos en el fondo de la sopera, y verter sobre ellos la leche de pistachos.

Para que la sopa sea verde, póngase un poco de espinacas.

FORMULA 100

Sopa de guindas.

Quitados los rabos á las guindas, se ponen con manteca en la cacerola; se espolvorean con harina; se añade suficiente cantidad de agua y un poco de azúcar, y se cuecen durante veinte minutos. Viértase en la sopera, añadiendo cuscurros de pan fritos en manteca.

FIN

ÍNDICE

Págs.

Págs.